AF253596

DE LA
DÉCADENCE

DE

NOS MŒURS

PAR

A. AUDRIEU

MEMBRE DE PLUSIEURS SOCIÉTÉS SAVANTES

CAEN

TYPOGRAPHIE DE F. LE BLANC-HARDEL

RUE FROIDE, 2 ET 4

—

1873

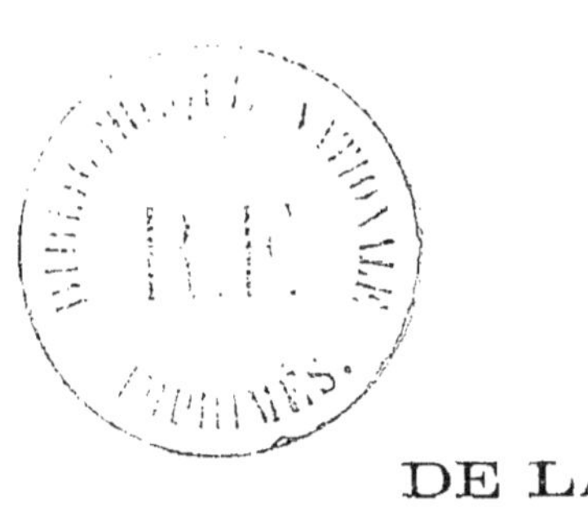

DE LA

DÉCADENCE DE NOS MŒURS

L'on répète chaque jour que notre pays est démoralisé......: cela n'est que trop vrai; mais, pour y remédier, il faut étudier les causes et les effets du mal, depuis son origine jusqu'à nos jours ; lorsque nous les connaîtrons dans toute leur étendue, et si nous en avons la ferme volonté, nous nous arrêterons sur la pente glissante qui nous pousse à grands pas vers l'anéantissement de notre patrie.

La moralité d'un peuple est liée intimement à sa croyance religieuse, et, lorsque cette dernière diminue, elle suit parallèlement la même décroissance.

Notre foi religieuse s'est bien affaiblie, et il nous faut reculer d'environ deux siècles pour trouver le point de départ de cet affaiblissement.

En 1660, la France pratiquait la religion catholique avec la plus grande foi : les luttes avec le protestantisme avaient ranimé la ferveur des fidèles, et l'Église de France se distinguait alors par un grand nombre d'hommes éminents par leur piété, leur science et leurs vertus.

Depuis leur rupture avec Rome, les Protestants étaient parvenus à la quatrième génération; ils ne devaient plus avoir les troubles de conscience qui assaillirent les premiers sectaires : ils étaient nés dans la religion réformée et ils la suivaient sincèrement.

Le relâchement dans les mœurs qui avait eu lieu dans le siècle précédent était disparu !...

A cette époque, on pratiquait sa religion en vue de Dieu seul, et l'hypocrisie était presque inconnue. La moralité de la France était arrivée au plus haut point qu'elle eût atteint dans notre histoire.

Avec une telle génération, Louis XIV pouvait faire de grandes choses, et c'est ce qui eut lieu sous son long règne.

Le jeune roi prenait donc la couronne d'une nation dont la moralité était portée à un haut degré. Au lieu de la maintenir, il travailla à la détruire par sa vie de scandales et de débauches, en commençant par corrompre la noblesse.

Au début, il régna à la cour une galanterie mêlée de politesse; mais, dans la suite, la débauche devint complète, la grossièreté remplaça la politesse, parce que les femmes étaient moins retenues, et on arriva à ce point qu'en 1685 le libertinage de la cour était effréné, quoique pourtant et parfois le roi, qui donnait le mauvais exemple, voulût y mettre un terme.

C'est vers cette époque que commencèrent à paraître les romans..... Ils étaient écrits généralement dans un style très-grivois, et, en se répandant dans la bourgeoisie, ils y jetèrent les premiers germes de la démoralisation.

Ce n'était pas assez : lorsque Madame de Maintenon, qui affectait une grande dévotion, eut captivé le cœur du roi, la noblesse crut devoir, pour gagner les bonnes grâces de la royale maîtresse, revenir aux pratiques religieuses, presque complètement délaissées; mais elle était trop corrompue, la religion lui servit de masque pour abriter ses débauches, et la France fut alors dotée d'un fléau plus redoutable, l'*hypocrisie*, qui vint s'ajouter à tous nos désordres.

On n'avait jamais eu en France un règne aussi long, et si, dans notre histoire, quelques rois avaient eu une conduite blâmable, les scandales de leur règne n'avaient pas le temps de pénétrer dans le cœur de la nation et ils étaient corrigés sous le règne de leur successeur.

Mais un long règne de débauches sans aucun correctif (et le mauvais exemple est bien contagieux lorsqu'il vient d'en haut) avait tellement modifié nos mœurs, que la franchise et la gaîté, naturelles à la race gauloise, avaient fait place à une corruption dissimulée et à une grande légèreté de caractère.

« Les Français, disait-on en 1720, traitent sérieusement les « choses les plus futiles et tournent les plus importantes en « plaisanterie. »

On pourrait encore bien sans crainte nous appliquer le même jugement.

Voilà dans quel état moral Louis XIV laissa la France à son successeur. Il est vrai qu'il lui donna de bons conseils à son lit de mort; mais cela était bien indifférent à un enfant de cinq ans et demi.

Si Louis XV eût été vertueux, les scandales d'un long règne, rachetés par de grandes gloires et beaucoup d'hommes illustres, n'eussent pas beaucoup influé sur les mœurs du pays, qui auraient pu revenir à leur état normal.

Malheureusement, la Régence et le règne encore trop long de Louis XV n'offrirent à la France que le spectacle de déréglements de toute nature.

Le libertinage, s'étendant de proche en proche, se répandit dans tous les rangs de la société.

La morale chrétienne, qui réprouvait tous ces vices, était trop gênante : on résolut de la supprimer et on s'attacha dès lors à détruire la religion. On la personnifia à tort dans quelques-uns de ses ministres dont la conduite était indigne. On déversa le ridicule sur tous les dogmes. Le protestantisme en avait détruit quelques-uns, la philosophie en fit table rase.

On supprima Dieu, car son existence entraînait l'idée d'un culte et de devoirs qui constituent la morale publique. Mais tout culte et toute morale, si réduits qu'ils pussent être, étaient encore trop gênants. On nia donc Dieu, ou bien on l'admit par tolérance pour l'occuper du soin exclusif de faire tourner les corps célestes. On s'attacha plus particulièrement à nier l'âme, et, par conséquent, les récompenses ou les châtiments futurs. On ôtait par là tout frein aux mauvaises passions, et l'on devait bientôt en recueillir les fruits.

Si le mauvais exemple partait d'en haut, il fallait faire partir d'en bas l'exemple des vertus. Il ne fallait pas que le peuple marchât dans le vice à la remorque de la tête de la nation, imitant et dépassant ses débauches en y ajoutant des crimes inouïs.

C'était vers le milieu du dernier siècle que la France, si elle eût conservé ses vertus et son antique piété, eût dû proclamer la République, à la place d'une royauté qui, depuis un siècle, précipitait le pays dans la démoralisation. Elle aurait dû suivre l'exemple des Romains, lorsqu'ils chassèrent les Tarquins impudiques. Mais la corruption était poussée à un trop haut degré dans les grandes villes, à Paris principalement, et l'on continua à s'y plonger de plus en plus jusqu'à la fin du règne de Louis XV.

Malgré des mœurs aussi dépravées, l'on conservait encore les pratiques extérieures du culte religieux; mais, si l'on s'approchait de l'autel, on était bien loin de Dieu; l'on profanait ses temples, et c'est là que commençaient souvent les intrigues galantes.

Joignez à cela que les dilapidations de ce règne et du précédent avaient réduit le Trésor royal dans un état déplorable.....

Louis XVI trouva ainsi la France, lorsqu'il prit les rênes de l'État.

Il connaissait toute l'étendue du mal, et c'est à son avènement au trône qu'il eût dû convoquer les États généraux pour détruire les maux profonds qui rongeaient la patrie.

Il crut en venir à bout par sa seule autorité royale ; mais il n'avait pas la fermeté nécessaire : il eût fallu une main de fer pour faire rentrer la France dans le devoir.

Il se mit résolûment à la tâche, et, lorsque l'on examine les ordonnances royales qu'il donna dès l'année 1774, l'on voit que son soin constant fut d'alléger les charges du peuple, d'assurer la liberté du commerce des grains, d'augmenter les ressources des hôpitaux, d'encourager l'instruction, d'apporter des économies dans sa maison et dans la perception des finances, d'interdire les jeux de hasard, etc.....

S'il eût pu en même temps faire disparaître les priviléges dont on avait abusé, la France était sauvée ; mais il ne put y parvenir, et, lorsqu'il se décida à convoquer les États généraux, il était trop tard : le mal était trop invétéré pour être guéri par cette mesure. La philosophie avait répandu trop de fausses maximes, qui devaient nous précipiter dans un cataclysme effroyable.

Il ne fallait rien détruire, mais corriger ce qui était défectueux. Il fallait seconder le roi vertueux que la Providence nous avait accordé, et nous n'aurions pas eu ces révolutions qui bouleversent le pays depuis quatre-vingts ans, sans que nous puissions en prévoir la fin. Notre moralité se fût relevée et ne serait pas tombée aussi bas qu'elle est actuellement.

Quand la Révolution éclata, les croyances religieuses auraient encore pu tout sauver. On les étouffa en supprimant la religion ; voilà comment fut entendue la liberté de conscience.

Aucun principe moral ne présidait au bouleversement qui s'opérait. Au nom *de la liberté, de l'égalité et de la fraternité,* on fit périr en France quatre cent mille citoyens, coupables de posséder quelque fortune.

« Il ne faut pas beaucoup de probité pour qu'un gouverne-
« ment monarchique ou un gouvernement despotique se main-
« tiennent ou se soutiennent. La force des lois dans l'un, le bras
« du prince dans l'autre, règlent ou contiennent tout ; mais,
« dans un état populaire, il faut un ressort de plus, qui est la
« *vertu.* » (Montesquieu, *Esprit des lois,* liv. III, chap. III.)

Et me dira-t-on que c'était la vertu qui animait ces gens qui organisaient la *terreur* ?... Non, c'était un torrent de mauvaises passions déchaînées, que rien ne pouvait plus arrêter ; il emporta roi, noblesse et clergé : c'était la justice de Dieu qui passait..., le mal venait d'en haut , la tête de la nation expiait ses fautes.....

Mais pouvait-on créer une république avec des gens de pareille sorte ? leur mobile était-il de ramener la moralité dans la nation ?... Non, ils convoitaient les richesses et la puissance, dont on avait parfois abusé, pour en abuser à leur tour. Voilà le seul mobile dont furent animés les hommes de 1792 et, pour l'obtenir, ils marchèrent dans des torrents de sang et s'entr'égorgèrent ensuite.

Fondée dans de telles conditions , la République ne pouvait durer, et elle fit place à un gouvernement despotique.

Il y avait alors dix ans que l'on avait supprimé tout culte religieux ; le premier soin de Napoléon fut de rappeler les prêtres et de rouvrir les églises. Il s'ensuivit néanmoins que , privée pendant aussi longtemps d'instruction religieuse et ayant peu le loisir de s'en occuper pendant les guerres qui suivirent , la population n'eut presque plus de religion.

Sous la Restauration, il y avait une tendance à ramener les choses où elles en étaient à la fin du règne de Louis XV, sans tenir compte de certaines améliorations nécessaires.

On peut toujours amener les esprits vers un certain ordre d'idées , mais à la condition que l'on connaîtra parfaitement l'état dans lequel ils sont.

Les frères du malheureux Louis XVI n'avaient pas appris à connaître le peuple à sa cour, et encore moins pendant 25 années d'exil. Leurs efforts devaient rester et restèrent infructueux.

Après 1830, il devint de très-bon genre de ne plus avoir de religion, les doctrines philosophiques du siècle précédent reprirent le dessus.

Le matérialisme se développa beaucoup sous le règne de Louis-Philippe, et, pour me servir d'une expression populaire, le véritable culte fut celui de la pièce de *cent sous*.

Sous ce gouvernement, les principes religieux et d'autorité s'affaiblirent de plus en plus, et l'on vit, dans moins de dix-huit années, un grand nombre d'émeutes et de tentatives d'assassinat contre le chef de l'État.

Le souffle révolutionnaire de 1848 balaya cette monarchie ; mais nos vices restèrent.

L'on fonda une république et l'on eut encore un gouvernement despotique.

Les peuples n'ont que les gouvernements qu'ils méritent.....

Sous Napoléon III, la démoralisation marcha à pas de géant ; elle arriva à son comble par suite des concussions et des tripotages de toute nature, l'augmentation considérable des cabarets et la débauche tolérée dans tous les rangs de la société.....

La religion, attaquée de plus en plus de toutes parts, était réduite à l'impuissance et elle ne pouvait plus servir de digue pour arrêter le flot toujours grossissant de nos crimes. Enfin, la morale publique était tombée bien bas lorsque la catastrophe de Sedan arriva.

Avec un peuple énergique et vertueux, on eût pu se relever ; mais il eût fallu que nous fussions, comme les anciens Romains, décidés fermement à vaincre ou à mourir, ce qui n'eut pas lieu.

Il y eut bien par-ci par-là quelques traits de courage ; mais l'on sut trop généralement *se replier*, quand toutefois ce mot ne cachait pas une fuite honteuse.

Que pouvait-on attendre de gens que l'on arrachait pour la plupart à leur bien-être ?... La Patrie était un mot vide de sens pour le grand nombre, qui n'avaient pas de croyances religieuses et qui, au-delà du tombeau, n'entrevoyaient que le néant.

Aussi l'on vit la spéculation la plus éhontée dans toutes les entreprises qui avaient trait à la défense du pays. Dans bien des localités, l'on refusa à nos soldats des vivres que l'on réservait pour l'ennemi, et combien de fois les malheureux qui avaient fui devant l'invasion de leurs foyers ne trouvèrent-ils l'hospitalité qu'à des prix fabuleux, dans des contrées plus favorisées.

Voilà notre moralité, examinons notre état religieux.

Les hommes de progrès les plus avancés nient Dieu ; d'autres l'admettent, et, quand ils ne nient pas l'âme, ils se préoccupent peu de son avenir. Ils croient à une éternité heureuse, se fiant à la bonté et à la miséricorde de Dieu, en oubliant toutefois sa justice.

Il y a bien en France les deux tiers de la population que l'on peut taxer d'indifférence religieuse. Le mot est trop faible, car nous ne voulons plus de religion. Nous la regardons tout au plus comme bonne à intimider les enfants.

En conséquence, les prêtres deviennent presque inutiles ; aussi nous leur faisons le plus de misères possible et nous en faisons les boucs émissaires de nos iniquités.

Nous leur reprochons de nous tenir dans l'ignorance, de corrompre nos mœurs, d'asservir nos consciences, etc... Nous savons bien que nous faisons des mensonges ; mais, à force de les répéter, on finit par y croire et les faire croire à d'autres.

Nous oublions que ce sont les prêtres qui tirèrent de la barbarie les Gaulois, nos ancêtres, lorsqu'ils leur apportèrent les lumières du christianisme, et qui supprimèrent les hétacombes humaines que nos aïeux sacrifiaient à leurs divinités.

Ne pouvant atteindre *le nommé* Dieu, nous insultons ses ministres.

Nous voulons la séparation de l'Église et de l'État, grands mots qui signifient simplement suppression de l'Église.

Nous voulons l'instruction laïque et obligatoire, laissant libre le père de famille de faire donner l'instruction religieuse à ses enfants ; mais nous espérons bien qu'il sera indifférent ou empêché, et, par là, nous arriverons à supprimer la religion beaucoup plus promptement.

Quand nous aurons chassé Dieu de nos cœurs, serons-nous plus heureux ?... Quand son nom ne nous servira plus qu'à blasphémer, serons-nous plus sages ?... Je crois devoir faire observer ici que les Français sont ceux d'entre tous les peuples qui abusent le plus de son saint Nom. Ils n'en comprennent plus la valeur et ils l'adjoignent à toutes les expressions les plus ordurières de notre langue. J'ai parcouru le Nord de l'Europe et je n'y ai jamais vu chose pareille.....

Nous voulons, sur les ruines du catholicisme, établir l'athéisme !.....

Ne reconnaissant plus l'autorité divine, reconnaîtrons-nous davantage l'autorité humaine? Non..., encore moins. Nous voudrons tous commander et ne pas obéir; nous serons dans l'anarchie la plus complète. Nos voisins profiteront de notre désunion pour prendre chacun un lambeau de notre territoire. Voilà le triste résultat que nous obtiendrons.

Nous ne fonderons jamais une république sans un peuple vertueux, et l'on n'aura jamais de vertus sans religion... Nous espérons la remplacer par la morale civile, ce qui formera *la religion de l'honnête homme*. J'ai bien rencontré, dans le cours de ma vie, des gens prétendant professer cette religion, et j'en ai conclu qu'elle se réduisait à ce seul dogme : je ne dis pas *à ne pas mériter*, mais *à éviter* la police correctionnelle ou la cour d'assises.

Eh bien! nous ne ferons jamais une république avec cette religion-là.

Tout système de gouvernement fait sans la crainte de Dieu ne peut subsister, ou il faudrait que l'homme n'eût pas de passions.

Croyez-vous que les Romains, qui fondèrent une des républiques les plus célèbres, eussent pu y réussir s'ils n'avaient été vertueux? et eussent-ils été vertueux sans religion? Non ; et Numa, en s'appliquant à les policer, leur avait inspiré les sentiments religieux dont il était animé ; et, lorsque, environ un siècle et demi après la fondation de Rome, les Tarquins furent expulsés, c'était un peuple vertueux qui chassait une famille débauchée.

Cependant la religion, qui leur avait donné les vertus, s'affaiblit peu à peu ; la tempérance, le désintéressement disparurent et leurs mœurs s'étaient déjà bien relâchées du temps de la première guerre Punique, trois siècles et demi environ après la proclamation de la République ; car, lorsqu'Attilius Régulus passait dans les rues de Rome, l'on disait : *C'est un honnête homme.* A cette époque, tout le monde ne l'était plus.

La corruption augmentant de plus en plus, l'on arriva aux dictatures et à l'empire : la liberté fut perdue ainsi que les bonnes mœurs.

Nous voulons fonder une république lorsque nos mœurs sont

dissolues; c'est une erreur profonde : nous sommes dans la phase où un peuple doit s'estimer très-heureux lorsqu'il rencontre un tyran pour le gouverner , afin de ne pas le laisser tomber dans l'anarchie.

Tant que la loi civile ne s'harmonisera pas avec la loi religieuse, qu'elle ne sera pas basée sur le Décalogue et sur la morale évangélique , nous ne réussirons pas à fonder un gouvernement qui ait quelques chances de durée.

On admire bien les maximes de l'Évangile ; mais on les pratique peu, et elles suffiraient déjà , au point de vue civil, pour nous rendre heureux.

Vous niez l'existence de Dieu et de l'âme..... ; mais vous n'y avez jamais réfléchi sérieusement un instant.....; la chose en vaut pourtant la peine. Vous vous êtes habitués à ne pas voir autre chose que votre être, sur lequel vous avez concentré toutes vos affections égoïstes. Vous vous êtes plongés dans le matérialisme et le sensualisme le plus complet, et vous n'avez rien voulu voir au-delà de vous-mêmes. Toutes les fois qu'une lueur s'est présentée pour vous faire entrevoir l'éternité, vous l'avez immédiatement étouffée dans votre cœur.

De grâce, pour une fois , élevez vos pensées et méditons ensemble ces graves questions.

Si, dans notre esprit , nous passons en revue notre vie passée, nous la voyons dans tout son ensemble, depuis le jour où notre intelligence a commencé à se développer jusqu'à l'heure présente. Nous nous rappelons simultanément toutes les principales actions de notre vie , les sensations éprouvées , soit physiques, soit morales...; rien ne nous échappe, et quelques secondes nous suffisent pour voir se dérouler de nouveau toute notre existence.....

Si nous avons étudié l'histoire et que nous y réfléchissions , nous voyons de même, instantanément et suivant que sa lecture nous aura impressionnés , se présenter devant nous tout ce qui s'est passé depuis les temps les plus reculés jusqu'à nos jours.....

Et, regardant encore plus loin dans les siècles passés , quand même nous donnerions aux jours bibliques (a) de la création une durée incommensurable, nous arrivons, avant toute chose, dans la profondeur de l'éternité et autant que nous le voulons.....

(a) « Jours bibliques » : j'ai employé cette expression, parce que les jours de la création ont eu une durée indéterminée.

La *Genèse* dit (chap. ɪ, ℣ 5):

« *Appellavitque lucem diem et tenebras noctem, factumque*
« *est vespere et mane, dies unus.* »

Nous avons traduit *dies* par *jour*.

Or, dans notre langue, le mot *jour* a une signification assez étendue, ainsi que dans toutes les langues. Il est employé principalement pour indiquer le temps de la révolution de la terre sur elle-même ou le temps qu'elle est éclairée par le soleil.

Le durée du premier est de vingt-quatre heures, et celle du deuxième, de zéro à six mois, et, pour les Anciens, qui ne connaissaient pas la terre au-delà des régions hyperboréennes, elle n'était que de quatre à vingt heures.

Outre cette signification, déjà très-variable, le mot *jour* exprime un assez grand nombre d'années.

Le sens de *dies,* en latin, est plus restrictif et s'emploie dans son acception la plus large pour indiquer un certain délai accordé à un débiteur pour se libérer.

Dans le verset précité, le mot *dies* est employé avec deux valeurs différentes. La première ne semblerait indiquer aucune durée de temps, mais une division entre la lumière et les ténèbres. La deuxième ne peut exprimer une durée de vingt-quatre heures, puisque le soleil n'existait pas.

Ἡμέρα, *héméra,* en grec, a un sens plus étendu, surtout en poésie, où il peut indiquer une période de temps excessivement longue; mais, si nous consultons le texte hébreu, nous trouvons le mot יוֹם, *jòm,* employé aussi deux fois avec des significations différentes. Ce mot s'emploie aussi pour exprimer quelquefois une année entière, et enfin, par synecdoche, pour exprimer aussi une longue période composée de jours : c'est dans ce dernier sens que ce mot a été employé à la fin du 5ᵉ verset.

Il est évident qu'il ne pouvait être question d'un jour sidéral, puisqu'il n'y avait rien de créé à cette époque qui pût en mesurer la durée.

Observons encore que ce verset a été traduit ainsi en français:

« Il donna à la lumière le nom de jour et aux ténèbres le nom
« de nuit, et du soir au matin se fit le premier jour. »

Nous employons le nombre ordinal *premier* avec le mot *jour,* tandis que le texte latin emploie un nombre cardinal, *dies unus,* et non *primus.* Il en est de même dans le texte hébreu : il s'ensuit que ce jour unique, ou, du moins, cette période de temps, n'était pas

Jetons un regard sur les siècles à venir, il en est de même : nous ne trouvons aucune limite, soit en avant, soit en arrière ; toujours l'éternité sans fin.....

Plongeons-nous dans l'espace, nous retrouvons encore l'infini..... Réfléchissons encore sur notre vie passée ; la plupart des lieux où nous nous sommes trouvés apparaissent à la fois présents à notre vue..... Si nous avons fait des voyages lointains, nous voyons notre globe tourner dans l'espace ; les lieux que nous n'avons jamais visités se présentent à nos yeux suivant des probabilités : nous apercevons les deux pôles, blanchis par des glaces éternelles, recevant alternativement pendant six mois les rayons du soleil, pâlis par la brume qui entoure ces froides régions.....

Ne nous arrêtons pas dans la contemplation de la terre ; fuyons vers ces astres qui brillent au firmament, je vous guiderai...

considérée comme la première dans l'éternité, ce qui ne pouvait avoir lieu.

Les contempteurs de la Bible, avec un esprit étroit et plein de malice, mesurant Dieu d'après eux-mêmes, ont contesté sa toute-puissance et ont traité de fable la création du monde, en niant à l'Être infini le pouvoir de créer l'univers en six jours ouvrables, et, à ces fins, ils ont pris le mot *jour* dans sa signification la plus restreinte. Quand ils ont admis Dieu, ils l'ont relégué au dernier plan, en croyant à l'éternité de la matière, à la génération spontanée, etc.....

Il serait trop long d'énumérer tous les systèmes plus ou moins absurdes inventés pour renverser l'histoire de la création racontée dans la *Genèse*.

Rien ne nous indique la durée des jours de la création, ce qui, du reste, n'a pour nous aucune importance. Seulement, il est très-regrettable que les efforts employés pour la connaître n'aient eu pour mobile qu'une vaine curiosité ou le désir d'abaisser la toute-puissance de Dieu.

La durée des six périodes de la création nous est et nous sera toujours inconnue. Le Créateur a employé à cette œuvre le temps qu'il lui a plu : le temps n'est rien pour lui. Quelle différence y a-t-il entre vingt-quatre heures et cent mille ans ?..... Pour nous, il y en a une immense ; pour Dieu, nous exprimons un nombre à la place d'un autre, la différence est nulle, elle n'existe pas en présence de l'éternité.....; car Dieu est à la fois le futur, le présent et le passé, ainsi que l'exprime si bien, en hébreu, son nom de Jéhovah.

Posons quelques chiffres pour nous reconnaître dans la route.

La science admet que les étoiles sont à une telle distance de nous, que leur lumière met environ *trois mille ans* à nous parvenir.

Elle suppose que certaines d'entre elles doivent être à une distance bien plus grande et qu'enfin il doit en exister qui sont tellement éloignées que, depuis leur création, leur lumière ne nous est pas encore parvenue.

Or, la lumière parcourt environ 70,000 lieues par seconde, soit, en 24 heures, 6,000,000,000 de lieues (*b*). Jugez par là de l'énorme distance qui nous sépare de l'étoile la plus voisine de la terre. Nous pouvons néanmoins nous y transporter par la pensée, rien ne nous arrête...

Là, le ciel a changé complètement d'aspect. Nous ne voyons plus ni les mêmes astres, ni les mêmes constellations, ces corps célestes sont groupés dans un ordre différent.

Ces astres que nous apercevons de la terre, pour être visibles à une telle distance, doivent avoir un volume énorme ; et l'on peut apprécier que, si notre système planétaire venait à rencontrer l'un d'eux, il y serait entièrement absorbé. Notre soleil et nos planètes, jonchant sa surface, n'y seraient pas plus sensibles proportionnellement qu'une poignée de pierres jetée sur notre globe.

Mais pourtant, l'étoile qui, de la terre, nous paraît très-voisine de celle où nous nous sommes transporté, ne nous paraît pas plus grosse ; car ces deux étoiles, dont la distance apparente est d'un travers de main, sont entre elles à une aussi grande distance qu'elles le sont de la terre...

Et, si, continuant notre voyage, nous nous éloignons encore et que nous franchissions des millions de fois la distance que nous venons de parcourir, nous aurons changé de position dans l'espace, nous n'aurons pas avancé d'un pas dans l'immensité, et rien ne s'oppose à ce que notre esprit conçoive des horizons plus grands...

(*b*) 3,000 ans se composent de 1,095,750 jours.

Dites-moi, quand votre esprit errera dans ces mondes inconnus et sans limites, si vous pourrez concevoir que tous ces globes immenses sont jetés au hasard dans l'espace, sans qu'un Maître tout-puissant et infini ne leur donne des lois pour régler leurs courses et leurs destinées ?... Serez-vous assez absurde de nier Dieu, parce que vous n'aurez pu l'analyser dans le laboratoire d'un chimiste ?...

Non, ce n'est pas Dieu qui vous gêne, vous reconnaissez son existence et son pouvoir ; mais c'est de croire en votre âme immortelle, dont l'avenir vous trouble et sur lequel vous vous étourdissez pour jouir de la vie.

A l'instant, aussi vite que vous m'avez lu, votre esprit, votre âme, enfin, s'est transportée avec moi dans ces régions immenses et inconnues ; elle a embrassé aussi loin qu'il lui a plu l'univers qui nous entoure... Elle a sondé les profondeurs de l'éternité et, malgré son enveloppe matérielle, elle a franchi tous les espaces, sans que rien ne l'arrête.

Vous ne pouvez en déduire qu'une chose, c'est que votre âme est immatérielle... et, cela admis, indestructible et immortelle...

D'après ce que nous venons d'examiner, nous ne pouvons faire autrement que de croire en Dieu, à l'âme et à son immortalité. En y réfléchissant souvent, nous comprendrons de plus en plus la majesté et la toute-puissance du Créateur ; nous comprendrons aussi que notre âme, dont nous avons prouvé l'existence, n'a pu être créée et unie à un corps fragile en vue de nous livrer uniquement à nos mauvaises passions durant notre vie, qui passe plus rapidement que l'éclair qui sillonne la nue, par rapport à l'éternité.

Cependant nous voulons pénétrer et discuter les desseins que la Providence a eus en nous créant...: folie téméraire, orgueil insensé...; nous n'avons qu'une seule chose à connaître, nos devoirs envers notre Créateur.

Est-ce que la révélation ne nous les a pas indiqués ?... Est-ce que les tables de la loi n'existent pas toujours ?... Jésus-Christ ne nous a-t-il pas enseigné lui-même, et par sa morale, et par son exemple, comment nous devions vivre ?...

S'il en eût été autrement, nous aurions pu accuser Dieu d'injustice pour nous avoir jetés sur la terre et abandonnés à nous-mêmes, sans aucun guide.

En quoi nos devoirs sont-ils donc si terribles, que notre esprit se révolte pour suivre de préférence des appétits sensuels et grossiers ?...

Nos devoirs se résument dans ce précepte : « *Aimer Dieu et son prochain* (Saint Mathieu, ch. XXII, § 4, ₦ 37 à 40). »

A ces devoirs, si doux et si faciles, nous préférons vivre sans Dieu, maudissant l'éternité, que nous redoutons...

Nous ne voulons reconnaître d'autre maître que nos passions, auxquelles nous asservissons notre âme. Notre prochain n'est aimé qu'autant qu'il peut les favoriser.

Qu'avons-nous recueilli de ces principes depuis plus d'un siècle ?

Absolument rien.....; nous sommes toujours à la poursuite d'un bonheur idéal, dont nous nous éloignons constamment, par suite de la corruption croissante de nos mœurs.....

Nous pensons être heureux avec un gouvernement démocratique et nous oublions l'essentiel pour y réussir..., la réforme de nos mœurs.

Avons-nous la force de détruire complètement, dans nos cœurs, cette corruption qui s'en est emparée plus particulièrement depuis deux siècles ?

Voulons-nous reconnaître, non-seulement des lois humaines, mais encore des lois divines ?

Nous ne pouvons guère espérer qu'il puisse en être ainsi, en tenant compte de la faiblesse humaine. Du jour au lendemain nous ne pouvons acquérir les vertus qui nous manquent.

Dans ces conditions, la démocratie nous mènera directement à l'anarchie et au despotisme.

L'épreuve n'en a-t-elle pas été faite à la fin du siècle dernier ?

Après le 9 thermidor, n'eûmes-nous pas d'honnêtes gens dans la Convention, le Directoire et le Consulat ?

Nous avions supprimé la religion , et certes Dieu , que nous avions éloigné de nos cœurs , ne nous gênait guère ; pourtant, nous ne pûmes nous gouverner dix ans sans tomber dans le despotisme.

La monarchie , malgré ses imperfections, nous a guidés et suffi pendant quatorze siècles. Jamais elle n'a eu , dans cette longue période, des pages aussi sanglantes et aussi humiliantes que sous la République et l'Empire , depuis la fin du siècle dernier. Faisons donc tous nos efforts pour nous améliorer suffisamment, afin d'être dignes de vivre encore sous cette première forme de gouvernement , et nous verrons alors, dans notre belle patrie, renaître le bonheur et la tranquillité , disparus depuis un trop grand nombre d'années.

Caen, le 19 mars 1872.

A. AUDRIEU.